AF224103

RÉPUBLIQUE FRANÇAISE

LES MUNICIPALES

DE LYON

DISTRIBUTION SOLENNELLE

DES

PRIX

Dimanche 13 Août 1871

LYON

IMPRIMERIE DE REY ET SÉZANNE

Rue St-Côme, 2

1871

ÉCOLES MUNICIPALES DE LYON

DISTRIBUTION SOLENNELLE DES PRIX

DIMANCHE 13 AOUT 1871

DISCOURS DE MONSIEUR BARODET

Premier Adjoint au Maire de Lyon

CHERS ENFANTS,

Vous avez vu, cette année, des choses bien extraordinaires, bien émouvantes et qui ne s'effaceront plus de votre mémoire : tous les hommes courant aux armes, faisant l'exercice, revêtant l'habit militaire, chantant la *Marseillaise*, le *Chant du Départ* et *Mourir pour la Patrie;* les plus jeunes et les plus vigoureux se réunissant en Légions et partant avec des chevaux et des canons à la défense de la France envahie par l'Etranger; vos pères, et jusqu'à vos vieux grands-pères, se préparant résolument à la défense de notre chère ville, menacée par un ennemi redoutable, qui avançait toujours.

Vous avez entendu les sanglots des mères et des sœurs, à la nouvelle de la mort d'un fils aimé, d'un frère chéri, d'un parent, d'un ami qu'on ne reverrait plus jamais ! Vous avez pu lire la colère, la honte, la consternation peintes, tour à tour, sur tous les visages, à chaque nouvelle de nos immenses désastres. Vous avez

entendu proférer des cris de trahison et des menaces
de vengeance. Vous avez aussi entendu retentir des
vivats à la République, à la Liberté, grandes choses
que vous ne pouvez encore comprendre et dont on ne
se rend digne que par l'Instruction et l'esprit de justice.

Malgré les distractions et les émotions de chaque
jour, de chaque heure, que de pareils événements
produisaient inévitablement dans vos études, vous avez
cependant travaillé ; vous avez fait des progrès, et
vous recevez aujourd'hui votre récompense : après la
distribution des prix, vous participerez tous à la *Fête
des Ecoles*, qui est faite pour vous rappeler que la
France fonde ses plus chères espérances sur vous.

Que vous faites bien, chers Enfants, de travailler à
vous instruire ! Car il faut que vous sachiez et n'oubliez
pas que la supériorité d'instruction des Prussiens sur
les Français est une des principales causes de nos
revers. La France s'est oubliée follement pendant une
vingtaine d'années, que la Prusse a employées à étudier
et à perfectionner, et cela a suffi pour rendre cette
dernière la plus forte.

L'instruction, mes Enfants, donne une grande puissance à l'homme, et celui qui en est dépourvu peut être
considéré comme un aveugle auquel il faut absolument
un guide, qui devient toujours son maître. Mais l'instruction seule ne suffit pas ; songez qu'il faut être honnête
surtout et rechercher en toutes choses la vérité. A
quoi servirait, je vous le demande, d'acquérir de la
science et de la force, si l'on devait les employer au
mal ? Mieux vaudrait, mille fois encore, rester igno-
rant. Ne perdez donc pas de vue, chers Enfants, cette
règle de conduite : S'instruire, s'instruire encore, s'instruire toujours dans le but d'être utile et de mieux
pratiquer la justice. Si nous pratiquions tous la justice,
nous n'aurions plus la guerre et nous serions heureux.

Chers Instituteurs, chères Institutrices,

La Municipalité est heureuse de vous adresser, en cette circonstance solennelle, les éloges et les remercîments que vous méritez pour l'intelligence, le dévouement et la persévérance que vous avez déployés dans l'exercice de vos pénibles mais si nobles fonctions. Croyez bien que la Municipalité ne l'oubliera pas et fera tous ses efforts pour améliorer, progressivement et dans la mesure du possible, votre modeste position. N'oubliez jamais, de votre côté, que la population lyonnaise, en vous confiant ses Enfants, vous confie tout ce qu'elle a de plus délicat, de plus fragile et de plus cher. Touchez-y donc avec tout le respect, toute la sollicitude, toute la tendresse que mérite l'Enfance.

Mesdames et Messieurs,

La Distribution des Prix des Ecoles municipales sera suivie d'une modeste fête de famille, que nous avons appelée la *Fête des Ecoles*, et que nous avons le désir et l'espoir de voir se renouveler tous les ans.

A cet égard, on a attaqué avec passion, avec injustice, nos intentions.

Qu'on le sache bien, nous n'avons, en aucune façon, voulu donner à cette fête un caractère politique ou religieux. C'eût été en altérer la haute signification et la pureté !

Nous sommes partisans de la plus grande liberté en matière d'enseignement, et nous professons la plus complète tolérance pour toutes les opinions politiques ou religieuses ; nous ne demandons pas autre chose, pour nous-mêmes, que la tolérance que nous accordons aux autres.

Au lieu de nous entre-déchirer, qu'il serait mieux de n'avoir d'autre motif d'ambition et d'émulation que celui de la vérité et de la justice ! Que ce soit donc entre nous à qui fera le mieux.

Ce que nous ne faisons encore qu'inaugurer en France, la *Fête des Ecoles,* se pratique en Suisse, en Allemagne, avec une magnificence à laquelle nous ne pourrons atteindre de longtemps. Ce que nous faisons, c'est une profession de foi à laquelle toutes les opinions honnêtes peuvent se rallier.

Nous croyons que l'ignorance et la mauvaise éducation sont les causes principales, sinon les seules, de nos discordes civiles, de nos égarements, de nos erreurs. de nos fautes.

Nous pensons que nous ne pouvons fonder en France l'ordre véritable, résultant de la conciliation des intérêts, intelligemment et librement faite, que par la bonne instruction, qui éclaire l'esprit, et par la bonne éducation, qui élève le cœur.

Et puisque la génération actuelle a été privée. dans une trop grande mesure, de ces trésors inestimables, il faut les répandre à flots sur la tête de nos enfants. Il faut qu'ils soient et plus instruits et meilleurs que nous, afin qu'ils soient plus heureux.

Notre *Fête des Ecoles* aura le précieux avantage de nous rappeler, chaque année, à ce devoir, et de mêler, dans un même sentiment de solidarité, la génération qui s'éteint et celle qui a cessé de grandir, avec celle qui commence.

Nous apprendrons à nous connaître, à nous respecter, à penser ensemble, à poursuivre le même but honnête. Nous nous quitterons meilleurs ; les vieux s'en iront au repos avec plus de sérénité, et les jeunes, à l'avenir lumineux, avec plus de courage et d'espoir.

DISCOURS DE MONSIEUR LE PRÉSIDENT

du Conseil d'administration des Ecoles municipales

MESDAMES ET MESSIEURS,

Lorsque la Révolution du 4 Septembre eut remis à la ville de Lyon le droit de faire ses affaires elle-même, une de ses premières préoccupations fut de réorganiser les Ecoles dont l'administration lui était rendue.

Dans ce but, le premier Conseil municipal élu nomma une Commission prise dans son sein, laquelle s'adjoignit des hommes compétents et dévoués pour constituer cette administration.

C'est ce travail de réorganisation dont nous allons essayer de vous présenter l'exposé succinct et sincère, dans l'espoir que vous rendrez justice à nos intentions et à nos efforts.

Nous sommes loin d'avoir fait tout ce que nous aurions voulu faire ; peut-être même n'avons-nous pas fait tout le possible. Mais si notre œuvre n'est pas aussi parfaite que nos intentions, vous nous tiendrez compte des difficultés morales et matérielles que nous ont créées les circonstances exceptionnellement douloureuses que nous avons eu à traverser.

Vous savez quelle était l'organisation des Ecoles quand elles passèrent dans nos mains.

La Commission municipale que nous avait imposée le bon plaisir impérial ; avait trouvé commode, au lieu de diriger l'instruction populaire dans une voie progressive et libérale, de laisser aux congrégations enseignantes et à une société d'instituteurs laïques, le soin de diriger toutes les Ecoles primaires de la ville.

On pouvait constater, au 4 Septembre, l'existence de soixante-six Ecoles confiées aux congréganistes, et de quarante-neuf aux instituteurs laïques.

Il est d'un certain intérêt de faire, en quelques mots, l'historique de ces dernières.

Par suite d'un enseignement systématique et rétrograde, la France, vers la fin de la Restauration, se trouvait, vis-à-vis les nations voisines très avancées en matière d'instruction, dans un état d'infériorité dont un certain nombre d'hommes de cœur finirent par s'émouvoir,

C'est à l'initiative de ces hommes qu'est due, à Lyon, la création des Ecoles mutuelles de la Société d'Instruction primaire du Rhône, organisées, en 1828, par les adhésions et le concours de treize cent cinquante-sept membres, qui ne craignirent pas de consacrer leur temps et d'engager leur fortune pour le succès d'une œuvre purement humanitaire.

L'intention des fondateurs, intention manifestée par des actes irrécusables, était de créer un enseignement entièrement laïque, en opposition avec l'enseignement qui existait alors et qu'il s'agissait de réformer.

Au début, les Ecoles de la Société d'Instruction primaire du Rhône fonctionnèrent avec leurs propres ressources, et la loi de 1833, sur l'enseignement, leur donna une impulsion immense.

Mais peu à peu cette Société passa dans des mains officielles ; l'esprit de son enseignement disparut, et elle dévia tellement des principes de son origine, qu'elle en était arrivée à renier ses premiers fondateurs, à solliciter et à recevoir des subventions considérables, qui s'augmentaient d'autant plus qu'elle s'écartait davantage de son programme primitif.

De telle sorte que son enseignement était devenu, en tout point, conforme à celui donné par les Écoles congréganistes, avec lesquelles, à l'époque dont nous parlons, elle n'était plus en concurrence.

En dehors des Ecoles congréganistes et des Ecoles de la Société d'Instruction primaire du Rhône, il existait un groupe d'autres Ecoles tolérées par le Pouvoir, mais déshéritées de tout encouragement.

Nous voulons parler des Ecoles protestantes et israélites, qui, les premières, sont venues se rallier au programme de neutralité en matière de religion, que la Municipalité lyonnaise avait adopté.

Nous ne devions, nous ne pouvions, connaissant le danger, continuer les mêmes errements.

Nous aurions, il est vrai, échappé par là aux accusations et aux récriminations qui ont poursuivi, avec l'acharnement que vous savez, notre œuvre d'émancipation.

Nous avons compris autrement notre mission.

Nous n'avons pas à faire ici la critique des Ecoles congréganistes ; nous sommes même tout disposés à reconnaître que, étant admis leur système d'enseignement, les maîtres congréganistes ont mérité, par leur zèle et leurs efforts, les éloges que ne leur ont jamais épargnés les rapports officiels.

Nous ne repoussons donc pas les hommes, mais la méthode, le système, l'esprit de leur enseignement.

Permettez-nous de profiter de l'occasion qui se présente, pour vous expliquer, à cet égard, notre pensée tout entière.

Dans une monarchie absolue, où les sujets n'ont qu'à obéir, où tous les pouvoirs sont dans la main d'un seul, où toutes les volontés sont tenues de se courber devant celle du maître, où tous les intérêts sociaux vont se perdre dans l'intérêt suprême de celui qui règle et gouverne tout, la nécessité de l'instruction, ou du moins sa véritable utilité, son vrai caractère, doivent fatalement être méconnus par des hommes d'état qui considèrent avant tout la nécessité de l'obéissance, et qui croient celle-ci d'autant plus assurée que les citoyens restent plus étrangers et, par conséquent, plus indifférents à la connaissance et au sentiment de leurs droits.

Mais, sous le régime du suffrage universel, dans une République où le souverain est le peuple lui-même, il est manifeste que cette souveraineté ne peut s'exercer d'une manière utile et intelligente, que si les hommes sont en état de comprendre les limites et les devoirs qu'elle leur impose ; que si une instruction sérieuse et vraiment humaine les habitue à comprendre la solidarité des intérêts qui relient les hommes en société, et leur apprend que le premier devoir de la liberté est de la respecter chez les autres, puisque, sans le respect de la liberté, c'est-à-dire sans l'égalité des droits, il n'y a plus de sécurité ni de société possibles.

Là où cessent de régner la justice et la liberté, la barbarie recommence.

En un mot, à la Monarchie fondée sur la force, il ne faut que des sujets qui sachent obéir.

A la République, qui repose sur la liberté, il faut des citoyens qui connaissent leurs droits, mais aussi leurs devoirs.

Cette considération explique, par elle seule, pourquoi la Démocratie a toujours considéré comme son premier devoir la diffusion de l'instruction, tandis que les monarchies l'ont toujours redoutée comme un danger et une menace.

Nous savons bien ce qu'on pourra nous répondre à cet égard : on nous objectera ces programmes si savamment élaborés, que les Monarchies, que l'Empire se plaisaient à étaler aux yeux de la nation.

Eh bien ! ces programmes n'étaient que des leurres, et il nous est facile de vous le démontrer.

Depuis la révolution de 1789, les monarchies n'ont

pas osé laisser éclater trop ouvertement la terreur que leur inspirait le développement de l'instruction populaire, parce que cette terreur eût été leur propre condamnation.

Depuis longtemps déjà, depuis quarante ans surtout, l'opinion publique a fait justice de cette doctrine impie, qui sacrifiait des millions d'intelligences aux convenances d'un despotisme ennemi de la lumière, et qui faisait de la science une sorte de privilége, accessible à ceux-là seuls qui en pouvaient payer le prix.

Il a donc fallu que les monarchies fissent droit aux réclamations de plus en plus générales et impérieuses de la civilisation moderne.

Elles se sont mises à protéger l'instruction.

Mais, sous prétexte de la protéger, elles l'ont dénaturée ; elles l'ont énervée, profanée, corrompue ; elles l'ont confisquée à leur profit, elles l'ont fait servir à leur haine et à leur ambition.

Il a suffi pour cela, sous le nom d'Enseignement religieux, d'introduire dans les Ecoles les principes de l'obéissance aveugle.

Consultez le Catéchisme officiel à l'usage de toutes les églises et de toutes les écoles de l'Empire français ; ce Catéchisme, seul autorisé par décret impérial, signé Napoléon Ier, en 1807.

Vous y trouvez ceci :

« Les chrétiens doivent aux princes qui les gouvernent,
« et à Napoléon Ier en particulier, l'amour, le respect, l'o-
« béissance, la fidélité, le service militaire, les tributs or-
« donnés pour la conservation de son trône. »

« Parce que Dieu, qui crée les empires et les distribue selon
« sa volonté, a établi l'empereur notre souverain, l'a rendu
« ministre de sa puissance et son image sur la terre.

« Ceux qui manqueraient à leurs devoirs envers notre
empereur, se rendraient dignes de la damnation éternelle. »

(4me Commandement, leçon VII, pages 56 et 57.)

C'était aussi pour obéir à ce sentiment de conservation dynastique, que les Bourbons, qui ne subvention-
naient, en 1816, le budget de l'instruction primaire que
de la ridicule somme de 30,000 francs (pour toute la
France), exigeaient, en outre, que l'Enseignement fût
confié aux congréganistes, de préférence à tous autres
instituteurs.

Mais allons plus loin, pénétrons plus profondément.

Examinez, étudiez ces programmes en apparence si
complets, vous n'y trouverez rien de ce qui peut faire
l'homme et le citoyen.

Partout, du haut en bas de l'échelle, les monarchies
n'ont laissé dans l'Enseignement que ce qui doit inévita-

blement produire la soumission passive : l'amour de la forme, la superstition de l'apparence, le respect du convenu, l'imagination, la mémoire, toutes les facultés inférieures, toutes celles surtout qui n'ont aucun rapport avec la vie politique et sociale.

Toutes celles qui font l'homme, le citoyen, les facultés que nous appellerons républicaines : le raisonnement, le bon sens, la réflexion, l'initiative, la dignité individuelle, le sentiment de la solidarité, l'horreur de l'absurde et de l'inintelligible, on s'est appliqué à les atrophier, à les annihiler.

Non content de calomnier toutes les vertus sérieuses et solides de l'intelligence, on a fait disparaître des programmes tout ce qui pouvait habituer l'homme à l'indépendance intellectuelle, le soustraire à la tyrannie des préjugés, développer en lui le sens du droit, la haine de l'arbitraire, l'attacher au bien par l'estime de soi-même, par une juste fierté et par un légitime sentiment de sa valeur et de sa puissance morales.

En un mot, on s'est appliqué à lui apprendre tout ce qui est inutile, ou ce qui est d'une utilité purement égoïste et immédiate ; tout le reste, ce qui élève l'âme et élargit le cœur, ce qui atteste et confirme la fraternité humaine par la constatation des liens qui unissent et confondent les intérêts moraux et matériels, tout cela est supprimé.

Sous prétexte d'apprendre aux enfants l'histoire de l'humanité, on fait passer sous leurs yeux le récit fastidieux des guerres ou des crimes de peuples barbares, disparus depuis des siècles ; mais s'ils veulent connaître l'histoire de leurs pères et celle de leur temps, il leur faut la chercher en dehors des Ecoles.

Ils en sortent sans avoir jamais entendu parler des principes élémentaires de l'hygiène, de la morale, de l'économie sociale, et quand ils entrent dans la vie, leur santé, leur conduite, leur intelligence se trouvent livrées à tous les hasards de l'ignorance et des préjugés, plus ou moins funestes, contre lesquels on n'a rien fait pour les prémunir.

Voilà le système d'enseignement que nous avons trouvé dans nos Écoles, et contre lequel nous avons voulu réagir.

Nous n'avons pas cru que la France républicaine dût se traîner à la remorque d'un enseignement combiné et calculé dans l'intérêt des monarchies ; il nous a paru qu'il était d'un intérêt suprême, pour la société, que les générations qui sortiraient de nos mains fussent mieux préparées que leurs aînées à la pratique des droits civiques.

Et, remarquez-le bien, Messieurs, nous n'avons fait que traduire en réformes utiles les réclamations mêmes de ceux qui accusent le plus violemment la Démocratie.

Que lui reprochent-ils, en effet ? Quel est le thème ordinaire de leurs récriminations incessantes ?

On n'en trouve guère qui se hasardent à attaquer la République en elle-même ; ils reconnaissent volontiers que, théoriquement, la forme du gouvernement républicain est celle qui se rapproche le plus de l'idéal des gouvernements humains.

C'est au nom de cette perfection même qu'ils repoussent la République, comme étant inaccessible à l'infirmité humaine.

Ils se complaisent à charger le tableau des vices et des ignorances qui rendent les peuples impuissants à réaliser cet idéal, sans s'apercevoir que ces mauvais républicains qu'ils réprouvent, et que nous réprouvons aussi, ce sont eux qui les ont faits avec leur enseignement monarchique.

Puisque, d'après cet aveu implicite, leur enseignement est incapable de former des républicains ; puisque, après avoir été depuis si longtemps les seuls maîtres de la jeunesse, ils reconnaissent qu'il n'est sorti de leurs Écoles que des hommes impuissants à réaliser l'idéal démocratique, qui seul répond désormais aux aspirations de la France, que devions-nous faire, nous, républicains décidés à fonder définitivement la République, et à épargner à notre pays les bouleversements et les crises ef-
u'il doit manifestement à l'insuffisance d'un

enseignement, condamné par l'expérience des quatre-vingts dernières années, et par les récriminations de ceux-mêmes qui en réclament la continuation.

Ne devions-nous pas nous appliquer à en combler les lacunes, à en corriger les vices? L'intérêt social lui-même ne nous imposait-il pas l'obligation de substituer à l'Enseignement monarchique, dont nous subissons les conséquences terribles, un Enseignement républicain qui pût préserver notre avenir des misères et des calamités qui avaient attristé notre passé?

C'est ce que nous avons essayé de faire ; nous voulons nous appliquer à développer, chez nos enfants, le raisonnement, la réflexion, l'initiative, le sentiment de la solidarité humaine, le respect des droits et des devoirs qui en découlent.

Nous voulons appeler l'attention des générations qui nous sont confiées, sur les questions vitales qui touchent à tous les grands intérêts sociaux ; habituer l'enfant à respecter et à développer les énergies physiques et morales, qui seules peuvent faire de l'homme un citoyen utile ; combattre dans leur source les vices d'ignorance et d'indifférence qu'entretenait soigneusement ce système d'enseignement égoïste et incomplet, qui peut suffire aux sujets d'une monarchie, mais qui est insuffisant pour les citoyens d'une république.

Vous vous étonneriez, Messieurs, si nous ne profitions pas de l'occasion qui nous est offerte, pour répondre aux accusations passionnées qu'a soulevées contre nous la suppression de l'enseignement religieux dans nos Ecoles.

On a prétendu que nous avons fait, des Ecoles municipales, des Ecoles d'athéisme ; c'est à peu près aussi juste que si l'on nous accusait de nier *le calcul différentiel*, parce que nous ne l'enseignons pas à nos enfants.

Si nous avons écarté l'enseignement religieux de notre programme, c'est uniquement parce que nous voyons, dans l'usage contraire, une usurpation de l'État sur le domaine individuel.

L'enseignement religieux était à sa place dans les Ecoles, quand il y avait une religion d'État, et que tout citoyen était tenu d'appartenir à un culte reconnu par lui, quand la distinction n'était pas encore faite entre ce qui relève de la collectivité et ce qui est la propriété de la conscience individuelle.

Du moment que la liberté de conscience est un principe admis par tous, il doit se retrouver dans les Ecoles comme partout.

Ni l'État ni les Municipalités n'ont à s'occuper des questions religieuses, si ce n'est pour garantir aux familles le droit, qui n'appartient qu'à elles seules, d'éclairer et de diriger les croyances de leurs enfants.

On a embrouillé à plaisir cette question, pourtant si simple, et qui se résout d'elle-même quand on veut bien se placer en face de la vérité.

En fait, il n'y a guère d'Écoles où nous n'ayons des enfants dont les familles appartiennent à des cultes différents.

Est-ce à nous à intervenir? Avóns-nous le droit de décider pour les uns ou pour les autres? de dire aux uns : « *Vous avez raison,* » aux autres : « *Vous avez tort,* » de prendre fait et cause pour telle ou telle doctrine religieuse ou philosophique?

Non, tel n'est pas notre rôle ; ces questions ne nous regardent pas.

Tous les citoyens de la ville, à quelque culte qu'ils appartiennent, ont un droit égal à l'instruction municipale ; tous, du moment qu'ils sont de la même cité, doivent trouver, pour leurs enfants, une égale hospitalité dans les Ecoles de la ville, de même que l'Etat doit une égale protection à tous les citoyens, quelles que soient leurs opinions philosophiques ou religieuses.

Nous ne gênons, nous n'entravons aucune croyance ;

mais aussi nous n'en protégeons aucune, nous n'en enseignons aucune.

Nous repoussons tous les priviléges, et ne voulons que la liberté, laissant aux parents le droit absolu de diriger à leur gré la conscience de leurs enfants.

Qu'on dise, après cela, que la suppression de l'enseignement religieux, dans nos Ecoles, équivaut à une profession d'athéisme ; c'est une arme commode aux mains de ceux qu'une longue habitude de la domination, aveugle au point de ne plus distinguer entre la justice et le privilége, et qui crient à la spoliation dès qu'on les ramène au droit commun.

Mais nous espérons que ces calomnies sont appréciées à leur juste valeur par les hommes de bon sens et de bonne foi, qui ne se refusent pas à l'évidence ; ceux-là pardonneront à la Municipalité de ne pas s'ériger en concile souverain, et de ne pas s'exposer à blesser des consciences par des préférences qui ne pourraient, en aucun cas, satisfaire tout le monde.

Et puis, Messieurs, quelle sécurité pour l'avenir !

Ces études faites en commun, sans arrière-pensée, par tous les enfants du même âge ; cette neutralité, observée par eux, sur toutes les questions religieuses qui, jusqu'à ce jour, ont divisé les hommes ;

Ne voyez-vous pas, dans ces premiers essais de la fraternité humaine, disparaître les germes de division qui ont fait naître ces épouvantables guerres de religion, dont le retour ne sera plus possible le jour où l'homme aura contracté, dès son enfance, l'habitude de respecter le droit individuel, sous quelque forme qu'il se présente.

Vous voyez, Messieurs, ce que nous avons voulu faire.

Si nous n'avons pas réussi autant que nous l'aurions désiré, c'est que nous nous sommes heurtés à des difficultés exceptionnelles et de toute nature.

Une transformation comme celle que nous avons entreprise ne s'accomplit pas en un jour. Outre les obstacles que devait rencontrer dans les habitudes et surtout dans les préjugés ce retour au principe radical, nous avons eu à lutter contre les circonstances particulièrement défavorables que nous ont faites les calamités accumulées, pendant dix mois, sur notre malheureuse patrie.

Nous nous sommes, moins que personne, fait illusion sur les embarras que nous créerait cette situation sans précédent ; mais nous n'avons pas cru que ce fût une raison suffisante pour ne pas persévérer dans l'œuvre commencée.

En outre de nos cent quatorze Écoles primaires, nous

avons ouvert, depuis quelques mois, vingt-huit cours
d'adultes, assidument suivis par deux mille quatre cent
jeunes femmes et jeunes hommes, qui viennent y com-
pléter une instruction primaire, dont ils reconnaissent
aujourd'hui l'insuffisance.

Nous avons, de plus, maintenu ou créé des cours
spéciaux de Dessin, de Musique, d'Anglais ; nous nous
occupons activement aussi de la création d'Ecoles su-
périeures, et nous ne laisserons échapper aucune occasion de répandre, par tous les moyens possibles, les
bienfaits de l'Enseignement gratuit.

L'avenir politique de la France est assuré.

Mais ne l'oublions pas, la sécurité ne sera définitivement rendue à notre pays que le jour où l'instruction du peuple sera partout mise en harmonie avec
nos institutions.

Il ne suffit pas d'inscrire le nom de la République
sur nos monuments et en tête de nos constitutions
si nous ne le gravons en traits ineffaçables dans l'âme
des générations qui nous pressent et qui, bientôt, vont
nous remplacer.

C'est d'elles qu'il dépend de fermer à jamais l'ère
des révolutions, et de conjurer les dangers de bouleversements qui menaçent les peuples chez lesquels se

perpétuent les contradictions entre les institutions et les mœurs.

Au point où en est arrivée la civilisation moderne, il n'y a plus de stabilité possible que par l'accord de toutes les énergies vers le même but, et cet accord n'existera que le jour où toutes les intelligences auront été également pénétrées par les principes d'un Enseignement vraiment républicain.

Pour le Conseil d'administration des Écoles municipales,

LE PRÉSIDENT,

VACHERON.

DISTRIBUTION SOLENNELLE DES PRIX

CONCOURS GÉNÉRAL

Français et Arithmétique.

57 Ecoles de Filles.

270 Concurrentes, prises dans la 1re Division de chaque Ecole

25 Prix de Français. — 20 Prix d'Arithmétique.

Français. 1er PRIX : Chaix, Mathilde.

Ecole cours Lafayette, 8. — Directrice : Mme REIGNIER.

(Ancienne Ecole protestante.)

Arithmétique. 1er PRIX : Patricot, Marguerite.

Ecole rue de Chartres, 8. — Directrice : Mme DESRAYAUX.

(Ecole municipale.)

Ecole rue de Trion, 23. — Directrice : Mlle CHATAIL.

Français . . . . { 5e Prix : Fenerstein, Anaïs.
{ 7e Prix : Sage, Fanny.

Arithmétique . . { 3e Prix : Fenerstein, Anaïs.
{ 4e Prix : Passaut, Jeanne.
{ 10e Prix : Sage, Fanny.
{ 12e Prix : Charret, Antoinette,

Ecole cours Lafayette, 8. — Directrice : Mme REIGNIER.

Français.......	1r Prix : CHAIX, Mathilde.
	3e Prix : VALLAS, Henriette.
	14e Prix : MASSE, Henriette.
	18e Prix : BONNET, Marie.
Arithmétique.	2e Prix : CHAIX, Mathilde.

Ecole rue Montesquieu, 21. — Directrice : Mlle BONNAFOND.

Français.......	19e Prix : MINGAT, Isabelle.
	25e Prix : GENTLER, Marie.
Arithmétique..	9e Prix : MINGAT, Isabelle.
	13e Prix : FORNALIER, Clotilde.

Ecole rue de Chartres, 8. — Directrice : Mme DESRAYAUX.

Arithmétique..	1r Prix : PATRICOT, Marguerite.
	14e Prix : DESRAYAUX, Marie.
	16e Prix : RICHARD, Jenny.

Ecole à Montchat. — Directrice : Mlle MONCEAU.

Français.......	11e Prix : MILLE, Augustine.
Arithmétique..	5e Prix : MILLE, Augustine.
	19e Prix : BELON, Marie.

Ecole rue Bugeaud, 28. — Directrice : Mme CORDENOT.

Français	12e Prix : GREMION, Marie.
	20e Prix : PLANUS, Françoise.
Arithmétique..	8e Prix : DURET, Anna.

Ecole rue Quatre-Chapeaux. — Directrice : Mme GRAND.

Français	24e Prix : CHABRIER, Jeanne.
Arithmétique..	11e Prix : GALLEY, Zoé.
	20e Prix : CHABRIER, Jeanne.

Ecole rue Charlemagne, 78. — Directrice : Mme GARREL.

Français....... { 2e Prix : DELAVILLE, Marguerite.
{ 8e Prix : BINDIT, Marie.

Ecole rue Dumont-d'Urville. — Directrice : Mlle MACHIZOT.

Français.......   9e Prix : TERASSE, Antoinette.
Arithmétique.. 18e Prix : TERASSE, Antoinette.

Ecole rue des Deux-Cousins, 6. — Directrice : Mme AVON.

Français....... { 22e Prix : PAUTCHARD, Pauline.
{ 23e Prix : FULGENZI, Jeanne.

Ecole rue Juiverie, 10. — Directrice : Mme TOUYON-FAURE.

Français.......   4e Prix : MONO, Louise.

Ecole rue du Chapeau-Rouge, 28. — Directrice : Mme JOUFFRE.

Français.......   6e Prix : RIBAN, Joséphine.

Ecole quai Jayr, 32. — Directrice : Mlle DUCRÉ.

Français....... 10e Prix : CHEVRIER, Alma.

Ecole rue Thomassin, 33. — Directrice : Mme BARRETT.

Français....... 13e Prix : TRANCHON, Marie.

Ecole quai de Pierre-Scize, 4. — Directrice : Mme COQUET.

Français....... 15e Prix : DOUTRE, Marie.

Ecole rue de Condé, 44. — Directrice : Mme CHAMPALAY.

Français....... 16e Prix : DÉSOL, Bellonie.

Ecole rue Adélaïde-Perrin, 5. — Directrice : Mme CLARCK

Français........   17e Prix : CORDIER, Blanche.

Ecole rue de St-Cyr, 24. — Directrice : Mme TURQUIER.

Français.......   21e Prix : TURQUIER, Alice.

Ecole rue Imbert-Colomès, 17. — Directrice : Mlle DAMIRON.

Arithmétique..   6e Prix : TROUILLET, Francine.

Ecole rue du Bon-Pasteur, 49. — Directrice : Mme FOURNIER.

Arithmétique..   7e Prix : COLLET, Henriette.

Ecole rue Ste-Hélène, 39. — Directrice : Mme GERSON.

Arithmétique..   15e Prix : SAMUEL, Fleurette.

Ecole Côte des Carmélites, 10. — Directrice : Mlle COUTURIER.

Arithmétique..   17e Prix : PATON, Rosalie.

CONCOURS GÉNÉRAL

Français et Arithmétique

57 Ecoles de Garçons.

274 Concurrents, pris dans la 1re Division de chaque Ecole.

25 PRIX DE FRANÇAIS. — 15 PRIX D'ARITHMÉTIQUE.

Français. 1er PRIX : FROMENTEAU, Hippolyte.

Ecole rue Juiverie, 10. — Directeur : M. DIEHL.

(*Ancienne Ecole protestante.*)

Arithmétique. 1er PRIX : BLAIN, Gabriel.

Ecole rue Madame 18. — Directeur : M. RUFFARD.

(*Ancienne Ecole mutuelle.*)

Ecole rue Madame, 18. — Directeur : M. RUFFARD.

Français....... 15e Prix : VIGNAT, Emmanuel.

Arithmétique..
- 1^r Prix : BLAIN, Gabriel.
- 3e Prix : VIGNAT, Emmanuel.
- 5e Prix : PERRIN, Benoît.

Ecole rue Grolée, 57. — Directeur : M. CHAPONOT.

Français........
- 2e Prix : SERPOL, Pascal.
- 3e Prix : GALLAND, Eugène.

Arithmétique.. 4e Prix : SERPOL, Pascal.

Ecole rue Servient, 23. — Directeur : M. AMARGUIN.

Arithmétique..
{
2ᵉ Prix : Rudigoz, Joseph.
7ᵉ Prix : Bouvard, François.
11ᵉ Prix : Colliat, Maurice.

Ecole rue Juiverie, 10. — Directeur : M. DIEHL.

Français.......
{
1ʳ Prix : Fromenteau, Hippolyte.
10ᵉ Prix : Bonnet, Paul.
20ᵉ Prix : Pizette, Louis.

Ecole rue Grenette, 16. — Directeur : M. GAUMET.

Français.......
{
4ᵉ Prix : Petavi, Louis.
14ᵉ Prix : Petavi, Pierre.

Ecole rue des Forces, 2. — Directeur : M. MICHEL.

Arithmétique..
{
8ᵉ Prix : Courbet, Jules.
13ᵉ Prix : Morlet, Eugène.

Ecole rue Luizerne, 9. — Directeur : M. CLAIR.

Arithmétique..
{
9ᵉ Prix : Collet, Jean.
14ᵉ Prix : Thierry.

Ecole place de Trion, 5. — Directeur : M. BLAIN.

Français....... 21ᵉ Prix : Bouvier, Jean-Marie.
Arithmétique.. 6ᵉ Prix : Bouvier, Jean-Marie.

Ecole rue Dumenge, 6. — Directeur : M. TRIBOULET.

Français....... 18ᵉ Prix : Bontron, Honoré.
Arithmétique.. 12ᵉ Prix : Bontron, Honoré.

Ecole avenue de Saxe, 249. — Directeur : M. DECLAIRIEUX.

Français. . . . . . .   17e Prix : Poget, Léopold.
Arithmétique. .   15e Prix : Monbrun, Francisque.

Ecole Avenue de Saxe, 100. — Directeur : M. PELOUX.

Français. . . . . . .   24e Prix : Joyet, Anthelme.
Arithmétique. .   10e Prix : Joyet, Anthelme.

Ecole place Rouville, 5. — Directeur : M. GASCHON.

Français. . . . . . .   23e Prix : Point, Jean-Baptiste.
                         25e Prix : Martinet, François.

Ecole rue de Bourgogne, 5. — Directeur : M. ROCHE.

Français. . . . . . .   5e Prix : Rey, Joseph.

Ecole rue des Tables-Claudiennes, 10. — Directeur : M. VILLEDIEU.

Français. . . . . .   6e Prix : Servas, Pierre.

Ecole rue Montgolfier, 72. — Directeur : M. BLONDEAU.

Français. . . . . . .   7e Prix : Gallet, Pierre.

Ecole rue du Sacré-Cœur, 119. — Directeur : M. MINIAT.

Français. . . . . .   8e Prix : Chaboud, Claudius.

Ecole rue St-Georges, 66. — Directeur : M. FERRAND.

Français. . . . .   9e Prix : Valdgrin, Pierre.

Ecole rue Vaubecour, 15. — Directeur : M. BENOIT.

Français,....... 11e Prix : Gros, Joseph.

Ecole rue des Marronniers, 5. — Directeur : M. GOY.

Français....... 12e Prix : Charavet.

Ecole rue Ste-Hélène, 14. — Directeur : M. RICARD.

Français....... 13e Prix : Michel, Amédée.

Ecole rue Vieille-Monnaie, 12. — Directeur : M. CHERVIN.

Français... ... 16e Prix : Megret, François.

Ecole rue de la Thibaudière, 55. — Directeur : M. NESMES.

Français....... 19e Prix : Genin, Louis.

Ecole quai Fulchiron, 26. — Directeur : M. BADIERS.

Français;...... 22e Prix : Guérin, François.